NATIONAL GEOGRAPHIC

T0042319

Al RESCATE

EDICIÓN PATHFINDER

Por Leslie Hall y Marissa Moss

CONTENIDO

¡Alto al fuego!

Por Leslie Hall

Fotografías de Mark Thiessen
Fotógrafo de National Geographic

Un incendio forestal puede destruirlo todo a su paso. Descubre cómo los heroicos **bomberos** usan la ciencia para combatir los incendios tanto en la tierra como desde el aire.

Contraatacando *En 2007, los bomberos combatieron incendios en todas partes de California.*

Nubes de humo han llenado el cielo. El día está oscuro como la noche. Un helicóptero zumba en lo alto. Se escuchan voces entrecortadas dando instrucciones por radio. Las explosiones de los tanques de propano suenan como bombas. El calor abrazador dificulta la respiración de las personas.

Esa era la escena mientras los bomberos combatían los inmensos incendios en California, en 2007. Los incendios azotaron el condado de San Diego. Se propagaron con velocidad a través de los bosques y los vecindarios. Quemaron todo lo que encontraron a su paso.

Los incendios ardieron con furia durante días. Destruyeron más de dos millones de dólares en propiedades. Casi dos mil familias perdieron sus hogares.

Lo que sucedió en California fue trágico. Sin embargo, los incendios forestales no son inusuales. Cada año, arden en los EE.UU. cerca de cien mil incendios forestales. Queman alrededor de dos millones de hectáreas (cinco millones de acres) de terrenos por año. La mayoría de los incendios forestales ocurren en los estados del Oeste. Allí es donde existe una combinación peligrosa de sequías, altas temperaturas y relámpagos.

Factores del fuego

Para entender los incendios forestales, debes saber algunas cosas básicas acerca del fuego. Un incendio necesita sólo tres cosas. Estas son calor, combustible y oxígeno. Esto es lo que los expertos llaman el triángulo de fuego.

El calor desencadena el incendio y lo ayuda a arder. En un incendio forestal, el calor puede provenir del rayo repentino de un relámpago o del calor del sol. Incluso una ráfaga de viento caliente puede causar incendios.

El combustible es lo que quema el fuego. El combustible puede ser pasto seco, hojas caídas o, incluso, arbustos y árboles muertos. El oxígeno es un gas que hay en el aire. Ayuda a que el incendio comience y siga ardiendo.

Los incendios forestales forman parte del ciclo de vida natural de un bosque. Al igual que un ser vivo, un bosque puede gozar de buena salud y crecimiento, o puede ser poco saludable y padecer enfermedades. Un incendio forestal puede generar cambios beneficiosos e importantes.

Manos solidarias. *Durante los incendios forestales de California en 2007, muchas personas, como este transeúnte, intentaron rescatar objetos de las casas incendiadas.*

La naturaleza pone manos a la obra

Los incendios forestales pequeños en realidad evitan incendios aún más grandes y destructivos. Queman malezas y plantas muertas apiladas en el suelo del bosque. La eliminación de este combustible dificulta el comienzo de incendios más grandes.

Además, los incendios forestales preparan el camino para la nueva vida. Cuando el fuego quema las ramas de los árboles, la luz del sol puede llegar hasta el suelo. Esto brinda la oportunidad de crecer a las nuevas plántulas. Las plantas quemadas también aportan nutrientes, o productos químicos útiles, al suelo.

Algunos árboles no solo sobreviven al incendio; lo necesitan para crecer con vitalidad. Hasta la década de los sesenta, el Servicio Forestal de los Estados Unidos intentaba extinguir los incendios ante la primera chispa. Luego se descubrió que esto era nocivo para un árbol llamado secuoya gigante. La secuoya gigante necesita estar cerca de altas temperaturas para que sus piñas lancen sus semillas. La falta de incendios generó una falta de nuevas secuoya gigantes.

Un peligro en crecimiento

Entonces, si los incendios ayudan a los bosques, ¿por qué preocuparse por ellos? El problema es que la mayoría de los incendios forestales de hoy en día son causados por el hombre. Muy seguido, la gente provoca incendios por la falta de cuidado. Por ejemplo, se pueden desprender chispas de la fogata de un campamento o, incluso, de un cigarrillo encendido. Como resultado, hay más incendios y más tierras destruidas que nunca antes.

Los incendios forestales son un **peligro** en crecimiento para la población de los Estados Unidos. Hay dos cambios que han aumentado el **riesgo**. El primero es que más personas se mudan más cerca de lugares que antes eran zonas silvestres. Así que, cuando comienza un incendio en un bosque, muchas veces hay personas y casas en las proximidades.

El segundo cambio es el calentamiento global. Es un aumento de la temperatura de la Tierra a nivel mundial. Las temperaturas más altas hacen que la primavera y el verano duren más. Esto significa que cae menos nieve en el invierno. En consecuencia, en la primavera, hay menos agua proveniente de la nieve derretida. Esto significa que los bosques permanecen secos más tiempo. Cuanto más seco está un bosque, más fácilmente se quema. Esa es la fórmula que produce más incendios forestales... que arden por más tiempo.

Hogares perdidos. *Cada año, los incendios forestales destruyen cientos de hogares. Esta casa en California fue quemada por los incendios forestales de 2007.*

Vida nueva. *Cuando los incendios forestales queman las ramas de los árboles y los arbustos, la luz del sol puede llegar hasta el suelo. Esto da a las plantas nuevas una oportunidad de crecer.*

Hacia las llamas

El verano y el otoño son las épocas principales de incendios forestales. Esto no debería sorprenderte. Estas estaciones son cálidas y secas. De hecho, esta época del año suele llamarse la estación de los incendios forestales.

Durante la estación de los incendios forestales, miles de bomberos **valientes** van a trabajar a los bosques. Arriesgan sus vidas para combatir los incendios. El trabajo es peligroso, pero en cierta forma, irresistible.

Mark Thiessen, fotógrafo de National Geographic, conoce esa sensación. Comenzó a seguir incendios en 1996, y no se ha detenido desde entonces. Pasa el verano inmerso en una niebla de humo. Por ejemplo, fotografió los incendios de San Diego para National Geographic.

Thiessen ha estado justo en medio de las tormentas de fuego. Dice que pueden ser muy emocionantes. "Todos tus sentidos se despiertan cuando estás sacando fotografías en medio de un incendio", afirma.

Luchando contra la bestia

Los incendios forestales pueden avanzar a razón de catorce kilómetros (nueve millas) por hora. La mayoría de las personas no pueden moverse tan rápido durante mucho tiempo. El fuego avanza más rápidamente cuesta arriba, especialmente cuando lo empuja el viento.

Thiessen sabe que el trabajo de un bombero no es detener incendios forestales. Eso no es posible. En cambio, los bomberos intentan evitar que los incendios forestales se propaguen.

"Los bomberos tratan al incendio forestal como si fuese un feroz animal salvaje", explica Thiessen. "Lo atacan por atrás". Esa es la parte posterior del incendio, es decir, donde comenzó. Luego avanzan por los flancos o los lados. La cabeza del incendio es demasiado peligrosa para acercarse.

Al igual que un animal salvaje, un incendio forestal es impredecible. No es posible saber adónde irá o qué hará. Unas chispas disparadas pueden iniciar incendios menores en regiones que parecían seguras apenas unos segundos antes. Una ráfaga de viento repentina puede desencadenar un incendio en cualquier dirección.

Sintiendo el calor. *Mark Thiessen ha pasado años fotografiando incendios forestales. Sabe por experiencia propia lo peligrosos que pueden ser.*

Héroes populares

Los bomberos tienen distintas formas de combatir las llamas. Todos los métodos intentan hacer lo mismo. Tratan de eliminar uno de los lados del triángulo de fuego. Entonces, el incendio no puede seguir ardiendo y se extingue.

Muy frecuentemente, se utilizan bomberos especialmente entrenados para atacar el incendio. Saltan en paracaídas desde los aviones hasta los incendios forestales. Se los convoca cuando el terreno es demasiado accidentado para llegar a él rápidamente a pie. Si el incendio aún arde después de veinticuatro horas, ingresan otras brigadas. Los aviones y los helicópteros pueden verter líquidos sobre el fuego para eliminar el oxígeno.

Los bomberos suelen excavar trincheras para detener el fuego. Esta es una zanja profunda de por lo menos un metro (tres pies) de ancho. Las trincheras de fuego eliminan el combustible de ambos lados de la línea. Otra forma de eliminar el combustible es iniciar una detonación o un incendio menor. Esto quema el combustible antes de que llegue el incendio forestal. Cuando el incendio forestal llega a la zona, no queda nada que quemar.

Viviendo con los incendios

Aunque los incendios forestales son parte de un ciclo natural, se han convertido en un problema para el hombre. Por eso, el gobierno de los EE.UU. está trabajando junto con los bomberos y los científicos para encontrar las mejores formas de combatir los incendios forestales que afectan a las personas y a las comunidades.

No es fácil proteger a las personas de los incendios forestales. Requiere trabajo duro. Requiere **valor**. Y requiere ciencia.

Vocabulario

bombero: persona que combate un incendio

peligro: situación en la que es posible salir lastimado

riesgo: situación en la que algo malo puede suceder

valiente: dispuesto a hacer algo que puede lastimarnos

valor: falta de miedo

Golpe aéreo. *Este avión está lanzando productos químicos especiales para atenuar un incendio.*

En la línea de avanzada. *Estos valientes bomberos arriesgan sus vidas. Combaten incendios forestales para proteger a las personas y las propiedades.*

Vida en

Faro de Lingesnes,
Noruega

el faro

por Marissa Moss

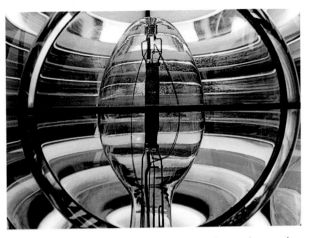

El lente del faro. *Los prismas de un lente de Fresnel enfocan la luz en forma de haz de luz único y poderoso.*

El viento aulló y gimió. Era una noche fría y oscura de enero de 1856. Las olas embestían la tierra cada vez más alto, haciendo espuma contra la isla diminuta ubicada cerca de la costa de Maine. Las luces gemelas del faro penetraban la noche y el rocío del agua.

El guardafaros no estaba en casa. Se había marchado algunos días antes para obtener provisiones. Su esposa y sus hijas aún estaban en la isla. Tenían que enfrentar solas los mares furiosos. Cuando el agua del mar inundó su hogar, Abbie no desperdició el tiempo. Empujó a su madre y a sus hermanas mayores a ir a una parte más alta y seca de la isla. Abbie permaneció en la estación del faro para enfrentar la tormenta. Solo tenía diecisiete años.

¿Por qué lo hizo? Abbie sabía que alguien debía mantener encendida la luz durante la noche oscura. Las embarcaciones dependían de ella para guiarse en los mares agitados y mantenerse alejadas de las rocas peligrosas. Así que Abbie resistió el embiste del viento y las olas. Atravesó el torrente de agua para llegar hasta el faro.

Abbie no tenía forma de saber que esta era una de las tormentas más intensas del siglo. Los mares agitados continuaron embistiendo la isla. Su padre no pudo regresar a la isla durante cuatro semanas. Noche tras noche, Abbie se ocupó del faro. Y ni una vez dejó que la luz se extinguiera.

Brillando con fuerza

Los marineros han dependido de esta clase de luces de alerta por más de dos mil años. Hace mucho tiempo, se encendían fogatas a lo largo de la costa para advertir a las embarcaciones sobre la presencia de rocas submarinas o afilados arrecifes de coral. El primer faro en los Estados Unidos fue construido en el puerto de Boston en 1716.

Los faros también ayudan a los marineros en el mar a saber dónde están. Muchos faros envían un patrón especial de haces de luz titilantes. Al reconocer los distintos patrones, la tripulación de una embarcación puede saber qué parte de la costa está próxima.

Antes de que hubiera electricidad, los guardafaros usaban aceite de ballena o querosén para encender la lámpara de la torre. Colocaban lentes de vidrio especiales alrededor de esta. Augustin-Jean Fresnel creó estos lentes en 1822. Los lentes de Fresnel suelen tener muchos lados, como un barril. Cada uno está formado por piezas de vidrio cortado. Se llaman prismas. Los prismas reflejan los rayos de luz de la lámpara y los enfocan en forma de haz de luz único y poderoso. Esto hace que la luz brille tanto que los marineros pueden verla desde millas de distancia.

Aun así, hay cascos de barcos hundidos a lo largo de las costas de los EE.UU. Esto nos recuerda lo peligroso que puede ser viajar por mar. Sin embargo, innumerables embarcaciones pueden agradecer los brillantes haces de luz que los guían hasta aguas más seguras. Y sus tripulaciones pueden agradecer a personas como Abbie por mantener encendidas esas luces.

Una dama de primera. *Ida Lewis fue famosa por los muchos rescates que realizó mientras trabajaba en el faro de Lime Rock (arriba). En 1869, su fotografía estuvo en la portada de una revista (derecha).*

Rescates riesgosos

Los padres solían transmitir el oficio de guardafaros a sus hijos. En varios casos, la mujer o la hija del guarda era quien pasaba a ocupar el puesto. Ida Lewis es una de las guardafaros más conocidas. En 1854, su familia se mudó a Lime Rock, Rhode Island. Poco después de que llegasen allí, su padre se enfermó. Ya no pudo seguir subiendo hasta lo alto de la torre. Así que Ida tomó su lugar.

En 1858, llevó a cabo el primero de los muchos valientes rescates que realizó. Solo tenía dieciséis años. Un bote pequeño se dio vuelta cerca del faro. Ida se lanzó a la acción. Partió en su bote de remos. Remó a través de las altas olas para llegar hasta los marineros varados. Uno por uno, sacó a los jóvenes del agua y los ayudó a subir a su bote.

Más tarde, Ida rescató a por lo menos catorce personas más. Las anécdotas sobre su valentía se esparcieron a lo largo de la nación. Los artículos de las revistas describieron sus rescates. La gente llamaba a Ida "la mujer más valiente de los Estados Unidos". Después de su muerte, el faro fue bautizado con un nuevo nombre: Ida Lewis Rock Lighthouse.

Vida dura

Los guardafaros debían ser más que valientes. También tenían que ser duros. Los faros suelen construirse en lugares remotos y difíciles. Algunos estaban en penínsulas rocosas rodeadas por el océano. Otros estaban en acantilados ventosos o en islas diminutas. El clima era húmedo y tormentoso en estos lugares.

Con frecuencia, la única forma de llegar al pueblo más cercano era en bote. Incluso las cosas más simples, como ir a la escuela o comprar alimentos, eran duros desafíos.

Las tareas del guardafaros también eran duras. El guarda tenía que subir hasta lo alto de la torre cada noche para encender la lámpara. Durante la noche, el guarda se despertaba muchas veces para asegurarse de que la luz aún estuviera encendida. Además, tenía que refregar los lentes y mantener limpias las ventanas. El tizne de la lámpara podía juntarse sobre el lente y opacar la luz.

Al amanecer, el guarda, ya cansado, subía con dificultad hasta la torre por última vez para apagar la lámpara. Este proceso se repetía día tras día, sin importar el clima. Muchas vidas dependían de que esa luz siguiera brillando.

Viviendo al filo de la navaja

La vida era especialmente dura en Point Bonita, en California. La torre del faro está en una península angosta en la entrada a la Bahía de San Francisco. Junto con la casa del guardafaros, cuelga de un acantilado castigado por el viento encima del océano embravecido. Se llegaba al faro a través de un túnel subterráneo y un peligroso sendero. A inicios del siglo veinte, la familia Martin vivía en este lugar remoto.

Los acantilados escarpados y las aguas turbulentas rodeaban a los Martin por todos lados. La señora Martin vivía preocupada por la seguridad de sus hijos pequeños. Los ataba con largas cuerdas cuando jugaban afuera. Esto resultó ser algo muy inteligente. Un día su hija Dorothy se resbaló mientras jugaba. El señor Martin la encontró colgando del acantilado, ¡pendiendo de la soga! Poco después, la familia Martin se mudó más lejos, cuesta arriba.

Los desprendimientos de tierra y la erosión destruyeron el sendero que conducía al faro. En 1954, la Guardia Costera construyó un puente colgante que se extendía sobre la hondonada. Hoy en día, Point Bonita es el único faro de los Estados Unidos al que se llega cruzando un puente colgante.

Una cosa del pasado

Point Bonita fue el último faro de California que necesitó un guarda. A medida que más y más lugares tuvieron electricidad, los guardafaros se volvieron innecesarios. De hecho, en 1886, la Estatua de la Libertad se convirtió en el primer faro de los Estados Unidos que usó electricidad. ¡Este famoso monumento estadounidense funcionó como faro durante quince años!

La tecnología siguió mejorando. Se inventaron máquinas y computadoras capaces de encender y apagar los faros automáticamente. Los guardas y sus familias ya no tuvieron que vivir allí.

Aun así, la historia recuerda a las valientes familias que vivieron en los faros. Gracias a su dedicación y a su trabajo duro, los mares agitados fueron un poco más seguros, y los marineros pudieron contar con una luz constante que los guiaba hasta sus hogares.

Indicando el camino. *Las torres de los faros están pintadas con distintos patrones, llamados marcas diurnas. Durante el día, estos patrones ayudaban a los marineros a saber por qué región navegaban.*

Cabo Lookout, Carolina del Norte

Isla de Asseteague, Virginia

Isla de Tybee, Georgia

Evitando catástrofes

Descubre cómo los héroes evitan las catástrofes. Luego responde estas preguntas.

1. ¿Qué tres cosas forman el triángulo de fuego? ¿Cómo hacen que los incendios forestales sigan ardiendo?

2. ¿Qué detalles fundamentan la idea general de que los incendios forestales ayudan a los bosques?

3. Da ejemplos de tres formas en las que los bomberos detienen los incendios.

4. ¿Cómo ayudaban a los marineros los guardafaros?

5. ¿En qué se parecen los bomberos y los guardafaros?